Madame
Jules SIEGFRIED
18 FÉVRIER 1848 — 28 MAI 1922

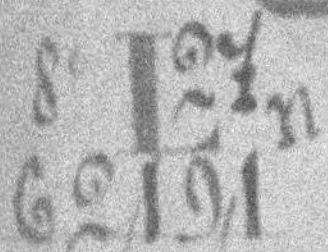

Madame Jules Siegfried

Madame

JULES SIEGFRIED

18 FÉVRIER 1848 — 28 MAI 1922

—

DISCOURS
prononcés à Paris et au Havre
par
MM. LES PASTEURS
WILFRED MONOD
et
CHARLES BOST
les
31 Mai et 2 Juin 1922

DISCOURS de

M. le Pasteur

WILFRED MONOD

CHERS affligés, et vous en particulier qui perdez, après plus d'un demi-siècle d'union parfaite, l'associée, la confidente, la collaboratrice infatigable, vous le sentez bien, la sympathie fervente et respectueuse qui vous enveloppe n'est point la simple compassion qu'on apporte à des victimes. Vous souffrez, certes ; mais dans votre douleur s'affirme une sérénité mystérieuse ; et vos ténèbres mêmes sont, comme les nuits de juin, pétries de luminosité. Vos yeux pleurent celle qui a disparu pour vos regards ; mais votre âme sourit à son âme.

J'éprouve moi-même, en cet instant, la fascination d'un rayonnement ineffable ; une force énigmatique d'apaisement et de certitude m'empêche de fixer ma vue sur les signes traditionnels d'une cérémonie funèbre ; et je sens que la méditation de la mort se transforme en contemplation de la Vie !

En nous abandonnant ainsi à des intuitions spontanées, à des pressentiments qui entraînent vers l'au-delà, nous sommes fidèles à une mémoire ; nous cédons à l'inspiration qui émane plus que jamais d'un esprit aujourd'hui libre et victorieux ; nous prenons au sérieux la remarque pascalienne : « Une des plus solides et des plus utiles charités envers les morts est de faire les choses qu'ils nous ordonneraient, s'ils étaient encore au monde. »

Que nous ordonnerait-elle ? sinon de ne point nous

rassembler autour d'un cercueil, mais devant un idéal.
Certes, elle n'eût point toléré de panégyrique, puisqu'elle
portait au doigt une bague, imaginée par elle, où le
mot *moi* en diamants était barré d'une rature en émail
noir. Mais elle eût permis qu'on rendît témoignage à
l'ardente et courageuse foi dont elle vécut, à la conviction réfléchie qui la transfigura, — pour d'innombrables
âmes, — en une véritable Messagère des réalités spiri-
tuelles.

*
* *

Assurément, ce n'est point toujours sous cet aspect-
là qu'elle apparaissait au grand public. Le nom de
Madame Jules Siegfried évoquait avant tout pour
l'opinion, en France et à l'étranger, la présidente du
Conseil national des Femmes Françaises, la vice-prési-
dente du *Conseil international* : on savait qu'elle
revendiquait avec une tranquille persévérance les droits
civils de la femme, afin de lui ouvrir l'accès à l'accomplissement de ses devoirs civiques. On savait aussi
que son dévouement sans défaillance à notre pays, ne
l'empêchait point de servir sans compromission l'idéal
pacifique. On savait encore que le seul nom de Madame
Jules Siegfried signifiait tout un ensemble d'œuvres
sociales dans le domaine de la prévoyance, de l'assis-
tance, du relèvement, tout un réseau d'activités aimantes,
ingénieusement secourables à la fatigue humaine, à la
solitude féminine, à la détresse de la mère et de l'enfant.
A la voir sans cesse en mouvement, courant de réunion
en réunion, donnant des conférences, présidant des
Comités, dirigeant des Sociétés avec un tact, un juge-
ment, une courtoisie et presque une tendresse dans la
fermeté qui ne se démentaient jamais, à la voir de la
sorte se dépenser dans l'action visible et l'activité

publique, certains spectateurs pouvaient croire qu'ils avaient d'elle une image adéquate.

Grave erreur; on ne possédait là que l'enveloppe de sa vie. Une seconde existence coulait, comme la sève, sous l'écorce. Souvent, après des journées d'allées et venues, elle s'installait, le soir, pour la correspondance, à sa table de travail, en face d'un autographe de Louis Pasteur, ainsi libellé : « En fait de bien à répandre, le devoir ne s'arrête que là où le pouvoir manque ».

Alors s'envolaient, comme autant de pigeons voyageurs, de multiples messages dans tous les quartiers de Paris, à travers la France et au-delà des frontières. Au 1ᵉʳ de l'an, à l'occasion des fêtes chrétiennes, pour des anniversaires de joie ou de douleur, elle envoyait de toutes parts une parole jaillie de son cœur, une citation de ses auteurs préférés, une devise; et le cadeau spirituel s'accompagnait de quelque gage matériel, témoignage tangible d'une fidélité toujours en éveil. Ayant beaucoup reçu, elle savait qu'il lui serait beaucoup redemandé. Elle éprouvait et elle entretenait dans sa conscience le plus vif sentiment de sa responsabilité sociale, telle qu'elle la comprenait, et elle s'efforçait de payer une dette sacrée.

Mais son dévouement était plus que la bienfaisance courante; et sa philanthropie s'enveloppait de symbolisme. Car elle avait le sens mystique de la poésie des choses, et sur ses lèvres souriantes fleurissaient les pensées les plus gracieuses : « Il faut mettre son cœur dans les bras de son âme », ou encore : « Au lieu de compter les épines des roses, comptez les roses près des épines. »

C'est ainsi que, dans l'Evangile, elle s'attachait de préférence aux symboles translucides empruntés au disciple de la vie intérieure, celui qui nous montre en la personne du Christ une incarnation de l'Esprit divin, une révélation de la Parole éternelle. Chacune de ses journées commençait par une invocation au Verbe qu'elle nommait, avec le disciple préféré de Jésus : « le Pain vivant » et la « Lumière du Monde ».

A une pareille hauteur, elle s'établissait au cœur même du christianisme en son essence, et là elle communiait sans hésitation ni arrière-pensée avec les âmes les plus diverses. En chaque être humain, diplomate ou femme de journée, elle cherchait l'étincelle ; et dès que celle-ci avait jailli, la vestale du feu sacré saluait le Dieu, « Père des esprits ». Quiconque a pénétré dans son intimité, sait qu'elle ornait l'autel du sanctuaire caché avec des bouquets d'âmes où voisinaient des formes, des nuances, des parfums qu'elle mariait sans effort : le Père Gratry et le pasteur Tommy Fallot, le pieux musulman Abdul Béha et le fervent incrédule Nietzsche, le chrétien social Oberlin et le théologien Auguste Sabatier, sainte Thérèse, la visionnaire catholique, et le protestant libéral Charles Wagner... Que de fois j'ai eu le privilège de l'entendre prier à haute voix, et bénir l'Eternel pour la réalité de la « communion des Saints ! ».

* *

Voilà dans quelle compagnie elle traversa les flammes de la guerre mondiale, dont elle supporta les dures secousses, les épreuves familiales et nationales, avec une vaillance à la fois stoïque et chrétienne. Le nom d'Ernest Siegfried est inscrit, sur la muraille de ce sanctuaire, dans une liste pathétique de jeunes hommes qui sacrifièrent leur vie pour la France et l'humanité. En apprenant cette mort, sa mère s'écria : « Maintenant je saurai consoler les autres ».

En vérité, ses forces paraissaient miraculeusement renouvelées. Mais soudain, au moment même où son cœur et son esprit débordaient de projets, où elle s'exaltait à la pensée de mieux servir encore les nobles causes et de mieux aimer son prochain, une ombre mystérieuse la toucha...

Son heure avait sonné, celle qui sonnera pour chacun d'entre nous. C'était le commencement de la fin. Toute son intelligence, toute son âme lui restèrent ; mais elle devint, peu à peu, muette. Elle fut murée vive dans le silence, comme le fut jadis le sénateur Edmond de Pressensé, un coreligionnaire, qui, lui aussi, avait prodigué par la parole publique les trésors de son expérience intime, et qui mourut aphone.

Peu de temps avant que Madame Siegfried perdît définitivement la possibilité de s'exprimer, elle m'exposa quelle règle elle suivait dans la souffrance qui augmentait de semaine en semaine et envahissait tout l'organisme :

« Ne consulter ni ses sensations, ni ses sentiments. Ne réclamer aucune illumination spéciale. Subsister par la foi nue. »

Voici d'ailleurs les principes de conduite qu'elle s'imposa et qu'elle rédigea en ces termes : « 18 février 1922 — Dieu me dit : « Tais-toi, c'est ton travail de l'instant. » Il me dit aussi : « Aie un cœur de pierre pour toi, et un cœur de chair pour les autres. » Et plus tard, d'une écriture moins assurée, elle ajouta :

« Heureux ceux qui n'ont pas vu, mais qui ont cru ! »

Elle resta fidèle héroïquement à ce programme. Les journées de détresse et les nuits d'angoisse, rivées les unes aux autres comme les anneaux d'une chaîne toujours plus lourde, n'abattirent jamais son courage. Parfois elle prenait dans sa main amaigrie une modeste

croix de carton, sur laquelle était inscrit le mot
Victoire, et elle la contemplait.

Nous observions la malade indomptable et défaillante,
et nous répétions les vers du poète :

> « De quelle race es-tu toi qui, seul, en silence,
> Te baisses pour mourir et sais mourir longtemps » ? (1)

* * * *

De quelle race ? Vous avez répondu : de la race des
chrétiens.

Quand elle parlait encore — avant d'être réduite à
crayonner lentement des feuillets devenus sacrés pour
les survivants, — quand elle pouvait encore s'exprimer,
la malade me dit :

« Au moment de passer dans l'au-delà, je serai sans
inquiétude. Je prendrai par la main l'enfant prodigue,
et je me ferai escorter par le péager repentant et par
le bon larron. Puisqu'ils furent accueillis là-haut, je
serai reçue en leur compagnie. »

Chers affligés, retenez ces paroles, marquées au sceau
de l'Évangile, et qu'elles vous consolent. Car les douleurs consolées sont les douleurs fécondes, celles qui
forment en nous l'homme intérieur, la personnalité, le
caractère chrétien. Là est le but suprême. Tous les
autres buts que nous poursuivons, santé, joies familiales,
richesse, pouvoir, nous échappent et fuient « d'une fuite
éternelle », ou se brisent dans nos mains. Un seul bien
est à notre portée, et c'est précisément « l'unique nécessaire », l'éclosion en nous d'un Christ caché, la forma-
tion d'une âme invulnérable et qui résiste au choc de
la mort.

____

(1) Sully Prudhomme : *Le Gué.*

Les douleurs consolées sont, encore, les douleurs
solidaires, celles qui nous unissent étroitement, par des
liens de chair et de sang, à toute l'humanité souffrante.
Le Fils de l'homme, jadis, mêlé aux multitudes
pécheresses qui se ruaient vers le baptême de la repen-
tance, descendit volontairement dans les flots limoneux.
De même, il faut nous plonger, avec « les autres », dans
le Jourdain de la douleur universelle. Nous ne sommes
pas les seuls frappés. On meurt autour de nous. Pour-
quoi serais-je épargné moi-même, banni de l'humanité,
excommunié de l'épreuve collective ?

Les douleurs consolées sont les douleurs qui nous
unissent, à travers l'humanité elle-même, à l'Homme
de douleur, celui dont la grave et pathétique figure se
transforme peu à peu, sous le regard de la foi et de
l'amour, en « Lumière du monde », si bien qu'en nous
attachant passionnément à Lui nous ne savons plus si
nous étreignons de la souffrance ou de la joie. Il a
vécu lui-même en dehors de ces distinctions éphémères ;
sa vie n'a été ni « heureuse » ni « malheureuse », elle a
été la Vie. Et dans la communion avec Lui, nous sentons, à notre tour, pénétrer en nous l'Esprit rédemp-
teur, qui insère nos propres douleurs, comme autant de
brûlantes pierres, dans les murailles de la Cité future.

Enfin, les douleurs consolées sont les douleurs qui
nous entraînent, avec le Christ lui-même, dans le monde
invisible et nous élèvent jusqu'à Dieu. Expérience
indescriptible. Au fond des ténèbres les plus épaisses,
une musique céleste retentit ; un bien-être ineffable,
surnaturel, circule dans nos veines, une certitude
envahit notre âme. Tous les insolubles problèmes sont
encore là ; ils nous percent le front comme une cou-
ronne d'épines, et notre âme est toute hérissée des
flèches de la souffrance, comme le corps enchaîné d'un

Saint-Sébastien ; mais sans posséder réponse à rien et sans pouvoir écarter la cause de notre douleur, nous sentons au fond de notre être une Présence qui rassure, nous percevons une voix qui murmure :

« Cela va bien, fidèle serviteur… Ne crains point, crois seulement ».

Et nous ne savons plus si nous sommes dans le monde visible ou dans le monde invisible — formule que bégaye notre ignorance, — nous savons seulement, à une paix étrange, que nous sommes dans la Réalité.

Oui, nous sentons, dans une heure comme celle-ci, combien le monde invisible est proche. La mort est une aiguille acérée qui le coud au monde visible, pour en former une seule et indéchirable étoffe. En est-il un seul, dans cette assemblée, qui ne vive déjà dans l'invisible, en la personne d'un disparu ? Et d'autre part, nos bien-aimés qui ont franchi le voile, ne sont-ils plus présents ici-bas, parmi nous, en nous ?

Assurément, le mystère demeure ; mais c'est dans la nuit que brillent les constellations ; c'est dans les ténèbres de l'épreuve et de la mort que scintillent, comme des étoiles de première grandeur, ces divines affirmations de nos livres sacrés :

« Pour Dieu, il n'y a que des vivants… »

Ceux qui sèment avec larmes moissonneront avec chants d'allégresse ; celui qui marchait en pleurant quand il portait la semence, jettera des cris de joie quand il portera ses gerbes.

DISCOURS de

M. le Pasteur

CHARLES BOST

IL y a une grande douceur, mes Frères, à pouvoir lire devant un cercueil l'hymne que Saint Paul a fait entendre au monde, au premier siècle de l'ère chrétienne, en l'honneur de l'amour chrétien « qui croit tout, espère tout, supporte tout », de cet amour qui est, comme il le dit, « la plus grande des choses immuables ». J'ai la certitude, aujourd'hui, qu'il ne s'élèvera pas, de la conscience de cette assemblée, une protestation secrète ou ouverte, quand elle comparera l'idéal magnifique chanté par l'apôtre, avec les souvenirs que laisse derrière elle l'existence lumineuse de Madame Jules Siegfried. « A Dieu seul soit la gloire ! » auraient dit les Huguenots de jadis, et telle est la parole qu'aurait aussi prononcée celle que nous pleurons, qui assurément n'a pas cherché la gloire des hommes. Mais « il faut dire du bien le bien », et ce ne sera pas outrager la modestie et la simplicité de cette femme accomplie, que de rappeler ici, non pas tant les œuvres qu'elle a faites, que l'esprit qui a provoqué, animé, élargi sans cesse son inlassable activité.

Je n'ai pas l'intention — et d'ailleurs les éléments me manqueraient pour cela — de rechercher la part qui revient, dans son travail, à son initiative purement personnelle, de distinguer entre elle et ses collaborateurs de tout ordre. Vous ne voudriez même pas, d'ailleurs, vous son mari si aimé et si respecté, qui en

ce moment ne songez qu'à elle et aux richesses de son
intelligence et de son cœur, que je dise toutes les
possibilités heureuses, tous les champs ouverts que
vous avez apportés à sa bonne volonté. Nous parlerons
d'elle seule, pour voir se développer et s'enrichir, au
cours de ses nombreuses années, des éléments reçus
de sa bonne et vielle tradition. Fidèle à la devise du
vrai protestantisme, où, comme l'a écrit Vinet, « la
Réforme est sans cesse à l'ordre du jour », elle n'a
transmis à d'autres l'héritage qu'elle avait recueilli
qu'après l'avoir à son tour transformé et renouvelé.

* *

Madame Siegfried était la fille du pasteur Puaux,
d'origine ardéchoise, d'une forte race, à la fois méri-
dionale par la vivacité, et montagnarde par la capacité
« d'opiniâtrer ». Son père a laissé un souvenir profond
dans nos Eglises. Notaire d'abord, puis pasteur, il
avait été amené à une vie religieuse profonde par le
mouvement missionnaire qui suivit les Guerres de
l'Empire et que nous avons appelé « le Réveil ». Les
hommes qui l'arrachèrent à une religion purement
extérieure et sans efficacité étaient de vrais apôtres,
chez qui le protestantisme vivant était lié à la profes-
sion stricte des dogmes formulés par les Réformateurs
au XVI⁰ siècle. Le pasteur Puaux resta obstinément
fidèle au christianisme par lequel il avait été conquis,
et comme il était un combatif, avec une verve passionnée qui ne se ralentit jamais, il rompit des lances
jusqu'à son dernier jour contre ce qu'il appelait
« l'infidélité doctrinale », dénonçant les erreurs de
ceux qui, renonçant à prendre à la lettre certaines
pages de l'Ecriture, ne gardaient, disait-il dans une

formule qui eut sa vogue, « de la Bible que la couverture ». Il faut être juste pour tout le monde, et on peut se demander si, en luttant de la sorte, il n'a pas contribué à conserver au Protestantisme des éléments traditionnels dont ses adversaires faisaient trop bon marché, et si cette ténacité n'a pas eu ses avantages comme ses dangers. Mais n'importe, le temps a fait son œuvre, et nous n'en sommes plus là. On ne peut pas ressusciter le passé intégralement, surtout le passé religieux. Une foi, quand elle veut s'exprimer en formules, doit être pensée par les esprits qui la vivent, et le langage intellectuel dont ils se servent à cette fin est composé d'éléments qu'ils empruntent à la philosophie ou à la science de leur temps. Madame Siegfried comprit que le Christianisme n'est pas une doctrine, mais une inspiration. Elle sut arriver à la distinction essentielle entre le fond vivant de l'Evangile qui est la reproduction en chaque chrétien de la vie intérieure du Christ, et la forme transitoire, passagère, que ce message éternel doit revêtir pour chaque génération. Dans son protestantisme, comme dans la Cité des Saints, « il n'y avait plus d'anathème », et elle travailla de tout son pouvoir à unir fraternellement autour de Jésus-Christ, centre toujours ardent de la piété libre, les membres dispersés de la famille protestante. L'évolution s'était faite en elle sans violence et sans rupture, le passé n'était pas, par elle, jeté aux choses vieilles et mortes, car elle avait su garder l'esprit en renouvelant la lettre. Mais elle était de son temps, et elle le disait.

.

Une autre évolution s'était accomplie dans sa vie, en ce qui concernait l'attitude qui lui avait été dictée à l'égard des autres confessions religieuses, et notamment du Catholicisme. Le pasteur Puaux avait, en face de l'Eglise romaine, la mentalité d'un homme du XVI° siècle. Dans sa vie, qui fut assez itinérante, il n'arrivait pas dans un nouveau champ de travail sans publier aussitôt quelque brochure de polémique dont l'occasion lui était fournie par un mandement de l'Evêque du diocèse. Ne sourions pas de ce zèle toujours en éveil, et demandons-nous simplement où en serait le protestantisme, en France, s'il ne s'était pas rigoureusement défendu. Une minorité réduite comme l'est la nôtre par trois siècles d'attaques violentes ou de surveillance ombrageuse, n'aurait pas pu subsister si elle n'avait fait sentir la vigueur de sa conviction. Mais nous ne sommes plus ni sous Louis XIV, ni sous le Second Empire. La « tolérance » ou, pour mieux dire, la liberté de la conscience est non seulement inscrite dans les lois de la République mais elle passe dans les mœurs, et l'attachement que Madame Siegfried, comme les protestants de France, professait pour les institutions démocratiques était fait de reconnaissance. Mais en même temps notre sœur sentait comment, en évoluant vers une liberté plus pleinement aimée et reconnue, notre pays devait tendre à cette union sacrée que la Guerre a réalisée et que tous les bons esprits appellent de tous leurs vœux. S'élevant sans aucun effort au-dessus des barrières confessionnelles, tout en demeurant protestante convaincue, elle organisait des œuvres où la charité, le respect mutuel, le commun désir du bien liaient les opinions les plus diverses en un solide faisceau. Elle savait que Dieu est plus haut que toutes les Eglises — que les Eglises chrétiennes séparées répètent partout la prière du Seigneur : *Que ton règne vienne.*

« Le Règne de Dieu, parmi les hommes de bonne
volonté », telle était la seule image qu'elle tint devant
ses yeux, quand ayant vu la misère, la mort ou le vice,
elle appelait au secours des malheureux tant d'hommes
et de femmes à qui elle ne demandait que d'avoir du
cœur.

*
* *

Mais c'est sur le domaine même de cette charité,
que Madame Siegfried avait, en suivant son inspiration
chrétienne, accompli l'évolution la plus significative,
et celle qui mérite le plus de fixer notre attention.

Elle avait appris, dans son enfance, à « aimer les
pauvres », et on peut dire, en élargissant le mot, que
la devise de toute sa vie fut d'aimer « les autres ».
Mais la charité, telle qu'elle lui avait été enseignée,
bien que, dans le fond, elle fût d'origine évangélique
absolument authentique, puisqu'elle se résumait dans
l'expression de « servir », avait revêtu pour elle, dans
la forme, des allures d'abord bien modestes, et s'était
alliée à certains de ces préjugés dont les sociétés
humaines ont tant de peine à se débarrasser. Je ne
fais que répéter ici un témoignage sorti de sa bouche,
et que j'ai recueilli dans une des conférences qu'elle a
prononcées au Havre. Avec la délicatesse de cœur
d'une fille qui parle de son père, avec cette finesse
souriante qui dit la vérité avec respect, et qui use de
la critique sans rien abandonner des devoirs de
l'amour, elle racontait comment, dans sa première
jeunesse, elle partait pour ses visites charitables. Un
léger panier au bras, avec quelques vêtements, un
petit pot de beurre, quelques brochures pieuses, ce
Chaperon Rouge allait voir les vieilles grands-
mères abandonnées, passait d'une maison à l'autre,

apportant aux pauvres, avec le secours matériel, le réconfort d'une prière ou d'une lecture, et rentrait ensuite à la maison, contente du devoir accompli. La société humaine lui paraissait alors assez heureusement organisée. Comme on l'a dit : « Avec un peu de générosité de la part des riches, et beaucoup de vertu de la part des pauvres », les questions les plus graves seraient résolues.

Bientôt, à mesure que l'expérience des souffrances sociales mordait son cœur de femme et de mère, à mesure que, portant son regard sur des horizons plus vastes, elle découvrait des abîmes plus sombres, elle comprit que la charité chrétienne était autrement difficile à réaliser qu'elle ne l'avait d'abord pensé. Les problèmes ne se réduisaient plus à secourir des infortunes isolées. C'étaient des groupes entiers qui souffraient. Il y avait une question du logement, une question de la moralité, une question des veuves... cent questions relatives aux jeunes filles et aux enfants. L'amour vrai demandait, pour se déployer efficacement, des solutions larges ; il fallait des institutions, il fallait des lois, des réformes profondes. Et la charité elle-même ne pouvait plus se borner à la compassion enfantine qui s'éteint quand elle a posé un onguent sur la plaie. Elle devait devenir — ce qu'elle est dans l'Évangile — solidarité profonde, vision troublante du mal, qui ne vous lâche plus quand elle a frappé vos regards et qui réclame le don entier de la personne ou des ressources.

Alors, de ces mains féminines et de ces lèvres souriantes sortirent des choses et des paroles nouvelles. Elle ne méprisa pas « la bienfaisance », elle ne déclara pas que l'aumône avilit, car elle savait que la charité, sous cette forme, est encore nécessaire, et elle ne

voyait pas — pas plus que nous ne le voyons nous-
même — par quoi on la remplacerait aujourd'hui, et
quelle est l'organisation sociale qui la supprimera.
Elle étendit son champ de travail, multipliant ses dons,
organisant sa maison du Havre — même du point de
vue de la construction — comme un véritable « bureau
de bienfaisance », s'occupant maintenant des pauvres
par groupes, considérant toujours sa fortune comme
un « dépôt mis par Dieu entre ses mains », réduisant
pendant la dernière guerre son train de maison à un
degré qui surprit ses domestiques eux-mêmes, habitués
cependant à son désintéressement. Son sens de l'amour
chrétien en même temps s'affina, par où j'entends
qu'elle découvrit des misères insoupçonnées et créa
des institutions auxquelles d'autres cœurs n'auraient
pas songé. Elle déploya pour le bien cette ingéniosité
que tant d'hommes savent utiliser pour leurs propres
plaisirs, et surtout pour le mal, et que Jésus, dans
une de ses paraboles les plus paradoxales, demandait
à ses disciples véritables. Elle voulait toujours faire
davantage, car elle surprenait toujours quelque misère
qu'elle n'avait pas encore corrigée. Elle avait créé par
exemple des asiles temporaires pour les enfants dont
les mères étaient malades, soit à l'hôpital, soit à la
maternité. Mais quand elle sut ces enfants soustraits
aux dangers de la rue et aux tristesses du foyer vide,
une nouvelle flèche lui perça le cœur et, se mettant à
la place de la mère alitée et devinant toutes ses
préoccupations, elle disait dernièrement : « Je ne serai
heureuse que lorsque j'aurai aussi ouvert un pavillon
pour les pères, de façon que les mères n'aient plus
aucun souci ». Je ne parlerai pas de toutes les œuvres
que sa délicatesse féminine a su imaginer d'abord et
réaliser ensuite. Mais je mentionnerai du moins deux

de celles dont elle parlait avec le plus de joie ; l'œuvre des *Maisons familiales de repos pour le Corps Enseignant* et l'œuvre des *Villégiatures du Travail féminin*, qui assurent à de jeunes ouvrières fatiguées le repos et les « vacances » dont elles ont besoin soit à la campagne, soit à la mer. Inaugurées par la location de trois chambres, elles en sont venues à posséder maintenant quinze maisons, et ce progrès montre tout à la fois la tenacité de Madame Siegfried et la sympathie dont son entreprise a été aussitôt entourée.

Ses initiatives intelligentes, dans leur nouveauté et leur beauté, frappaient en effet les âmes généreuses. Très souvent — presque toujours — elles ont été subventionnées et adoptées par les pouvoirs publics. Par là s'affirme la puissance que la femme déploiera dans toutes les sociétés humaines quand elle s'attachera à y signaler les tares morales ou les iniquités, et qu'elle y voudra porter remède.

Et cette observation explique comment notre sœur s'est passionnée pour les questions féministes. Les lois actuelles, elle l'a vu bien vite, en s'occupant des femmes et des enfants, ont été faites par les hommes et pour les hommes. On stigmatise avec raison « l'égoïsme de classe ». L'égoïsme de sexe ici est aussi criant. Il y avait à remonter, pour faire triompher ici la justice, un courant de préjugés aussi vides qu'ils sont anciens, il fallait affronter les plaisanteries faciles de ceux qui tiennent les plumes publiques — et qui sont des hommes. Il était nécessaire aussi de secouer l'apathie des femmes elles-mêmes : des femmes heureuses qui, n'ayant jamais vu leurs droits lésés, parce qu'elles avaient été considérées avec respect, ne se doutaient pas du degré de souffrance où pouvaient

venir leurs compagnes moins favorisées — et l'apathie
aussi des femmes malheureuses qui, comme les esclaves
de jadis, oubliaient leur dignité pour l'avoir toujours vue
méconnue. En groupant les jeunes filles ou les femmes
dans des *Cercles divers*, dans ses *Foyers Féminins*,
dans ses *Maisons de Repos*, en organisant avec persévérance l'œuvre de groupement qu'est le *Conseil National
des Femmes Françaises*, en créant le journal *La Fran-
çaise*, Madame Siegfried a donné au mouvement
d'émancipation qui pousse les femmes à revendiquer
leurs droits, une autorité et une cohésion qui l'assu-
reront du succès. Sans rien abandonner de ce qui fait
de la femme : une femme, une créature à part, douée
de son intelligence à elle, apportant aux problèmes
sociaux ses solutions à elle, dont l'homme doit tenir
compte, elle a imposé partout le respect des ses
convictions, et éveillé en beaucoup d'esprits, d'abord
indifférents, l'intérêt que méritent des problèmes que
notre siècle commençant placera au premier plan.

*
*   *

Je relèverai un dernier trait de cette vie si féconde,
à savoir l'élément de moralité qu'elle a incorporé à
toutes ses entreprises, et dans ce mot de moralité
j'enferme une réalité extrêmement haute. Elle n'a
jamais voulu le simple bien-être des créatures humaines
vers lesquelles elle se penchait. Elle n'a jamais tenu
son travail pour achevé quand elle avait nourri celui
qui avait faim et couvert celui qui était nu. Elle a
poursuivi toujours des intentions d'ordre spirituel et,
visant à la dignité morale des hommes, elle a souhaité
libérer leur personnalité entière, agrandir «leur âme»,
leur élargir l'esprit et le cœur. Ce souci de l'âme, cet

amour des choses morales, elle les tenait aussi de son éducation évangélique, mais, à cet égard, elle n'a rien eu à changer à sa tradition de famille. Elle voulait « le bien », en toutes circonstances.

Ce qu'elle fut comme épouse, comme mère, comme amie, je ne pourrais le dépeindre qu'en usant de termes trop faibles. La connaissance qu'elle avait des hommes et de leurs difficultés, les expériences morales qu'elle rapportait de sa pratique journalière de la charité, l'énergie qu'elle devait déployer, sa vaillance qu'elle savait renouveler aux sources profondes où s'alimente le courage du chrétien, faisaient d'elle une conseillère écoutée, qui guidait les consciences et affermissait les volontés. Elle ne s'imaginait pas que la société humaine pût subsister sans la discipline austère que chacun doit virilement accepter pour accomplir son devoir d'homme. Ce n'est pas elle qui se serait représenté les lois du Décalogue comme une invention capricieuse de je ne sais quel tyran maussade, désireux d'écraser des instincts toujours légitimes. Elle savait que « ne pas voler, ne pas commettre adultère, ne pas convoiter », c'est obéir à des lois qui commandent la vie sociale de façon aussi inéluctable que les lois de la pesanteur gouvernent le monde matériel ou les lois de l'hygiène notre propre corps. Elle savait en particulier qu'une démocratie fondée sur la valeur individuelle de chaque citoyen est plus exposée qu'aucune autre forme de gouvernement à la décadence et à la ruine, quand les passions élémentaires y échappent au contrôle ferme de la conscience; et c'est avec une nette connaissance de ce que réclament notre temps et nos lois qu'elle avait fondé la *Ligue d'Éducation morale* pour rappeler à tous les éducateurs, dans la famille et dans l'école, que l'instruction ne vaut qu'autant qu'elle est installée dans des esprits maîtres d'eux-mêmes, qu'un idéal conduit. Religieuse, jusque dans son fond le plus intime, elle savait aussi que la piété n'a de valeur humaine que si elle aboutit à la pratique journalière d'un bien conscient dont les hommes bénéficient. Elle comprenait en particulier que dans l'Évangile « rien n'est religieux qui ne soit moral, et rien n'est moral qui ne soit religieux ». Elle ne se rapprochait de Dieu que pour se donner davantage au progrès même de l'humanité. Par là elle a servi le Christ de la seule manière efficace.

Quand une Eglise est défendue par des hommes dont l'immoralité de vie ou de pensée est notoire, c'est tant pis pour cette Eglise... Mais c'est tant pis aussi pour le Christ lui-même, et il faut beaucoup de Sainte Véronique comme Madame Siegfried pour essuyer sur la Sainte Face la boue dont de honteux disciples l'ont éclaboussée.

Hélas ! on rencontre dans les groupements chrétiens des hommes dont l'égoïsme est si fermé, qui sont si réellement indifférents aux nobles choses, qui demeurent si bas dans leur politique soi-disant religieuse, qu'ils font fuir loin de Jésus, et loin de Dieu, des âmes droites et saines, qui ne guérissent jamais du scandale qui les a blessées... Je voudrais aujourd'hui les amener devant ce cercueil, leur rappeler cette vie de bonté sans phrases, et leur rappeler que nous voyons en ce moment ce que peut produire chez les vrais amis du Maître, humbles et fidèles, l'amour de Celui qui a guéri les malades, flagellé les Pharisiens, et annoncé la Bonne Nouvelle aux malheureux. Sans vanité, sans ambitions orgueilleuses, ayant vu la souffrance et en ayant pleuré, elle a seulement voulu « servir Jésus-Christ dans ses pauvres membres », comme on disait autrefois, et son exemple sert maintenant à la gloire immortelle de l'Evangile de la Charité.

* *

Insisterai-je, en terminant, sur la sécurité et la sérénité que confèrent à une vie humaine l'inspiration chrétienne à laquelle s'est confiée Madame Siegfried ? Ne suffit-il pas que je vous renvoie à l'impression de calme que nous ressentons tous ici, au milieu même de notre douleur, et si aigus que soient nos regrets ? Nous montons avec elle, au-dessus des larmes et au-dessus de la mort. Vivre pour les autres, c'est, pour un être affaibli, qui a perdu momentanément l'équilibre de sa pensée, le seul moyen assuré de retrouver la force et la tranquillité. Vivre pour autrui, c'est pour tous les hommes avoir choisi « la bonne part, qui ne sera point ôtée », c'est s'établir sur un terrain où le désespoir et le doute ne pénètrent pas. Servir Dieu en servant ses propres frères, aimer ses frères en qualité d'enfants de Dieu, voilà le secret de sentir que dans l'univers mourant une réalité est solide. « La Charité ne périt jamais ». Une foi qui aboutit à elle trouve en elle une certitude qui défie toutes les objections. L'avenir illimité appartient aux croyants de cette sorte. Au-delà de la tombe, ils voient des bras ouverts, et un chemin qui monte toujours. Ceux que Dieu a aimés, et qui ont aimé Dieu, ne sont pas des morts, mais des vivants. Pour eux se réalise dans sa splendeur la parole que vous avez voulu faire planer sur tout ce service funèbre comme une espérance paisible : « Heureuse celle qui a cru, car les choses qui lui ont été dites de la part du Seigneur auront leur accomplissement ».

F. THEVDE, imp. Paris